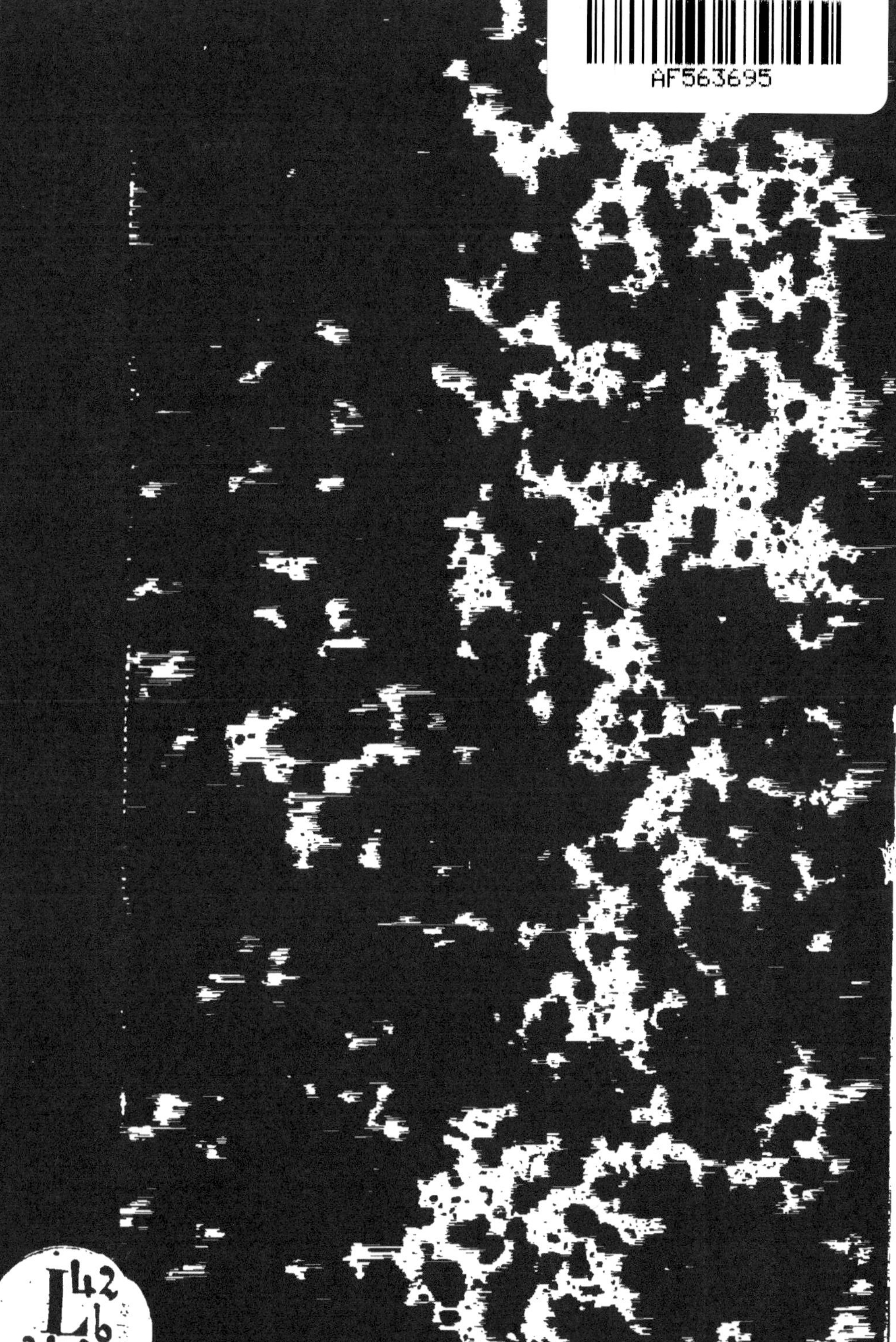

MÉMOIRE

A

CONSULTER,

SUR LA QUESTION DE SAVOIR

S'il est convenable de demander le rapport de l'article X du titre Ier de la loi du 22 août 1790, qui *défend de cumuler pension et traitement*, et la loi du 19 juin 1793 (v. st.), qui *fixe provisoirement à 3000 livres le* maximum *des récompenses nationales.*

AVERTISSEMENT.

INVITÉ, prié, pressé de défendre la cause d'une classe trop infortunée, j'ai fait de mon mieux pour remplir cette tâche digne de mon zèle et de ma sensibilité. La droiture de mon esprit, la force de ma raison ; voilà mes guides.

Afin de ne pas rallentir la rapidité de la narration, j'ai présenté séparément les notes qui m'ont paru nécessaires à l'instruction du lecteur peu familiarisé avec les loix que j'examine. La dernière de ces notes contient le récit simple et fidèle de ce qui m'est arrivé pour présenter au corps législatif une copie manuscrite de mon mémoire.

MÉMOIRE

A CONSULTER,

SUR la question de savoir s'il est convenable de demander le rapport de l'article X du titre premier de la loi du 22 août 1790, qui *défend de cumuler pension et traitement*, et la loi du 19 juin 1792 (v. s.), qui *fixe provisoirement à 3000 livres le* maximum *des récompenses nationales.*

Tempus discendi.

JE m'étais bien promis de garder désormais le silence sur toute affaire publique; la prudente amitié, la faiblesse de mes organes m'en avaient donné le conseil. Tout en pensée, rien en action, content d'observer et de me taire, je perdais petit à petit le souvenir du passé; l'espoir d'un avenir plus heureux soutenait mon courage, et ma juste confiance dans les deux premiers pouvoirs constitués me fesait trouver moins pénibles les difficultés du moment.

Au milieu de cette espèce de quiétisme, mon imagination ne laissait pas de porter ses regards attentifs sur les obstacles qui s'opposaient avec le plus de tenacité à la marche du gouvernement ; et par fois, après y avoir réfléchi, je me suis convaincu qu'en général la mauvaise composition des bureaux de l'administration n'était pas le moindre de ces obstacles.

Ensuite, vivement sollicité de chercher comment on pourrait parvenir à faire de bons choix, je me suis arrêté à une idée qui m'était venue il y a long-temps.

Elle n'est pas neuve, cette idée ; et de ce que des vues courtes ne paraissent pas l'avoir aperçue, ou de ce que des hommes fortement attachés à leurs erreurs, peut-être à leurs travers, ont pu la faire avorter, il ne s'ensuit pas que l'objet auquel cette idée se lie ne soit du plus grand intérêt. Mon devoir me commande donc de m'expliquer, et c'est pour cela que je consulte l'opinion publique.

Depuis six ans, il n'y a qu'un cri sur la nécessité impérieuse de s'entourer des lumières et de la probité. S'est-on occupé sérieusement de leur recherche ? Connaît-on les asyles où elles ont cru devoir se réfugier ? Les mesures présentées pour arriver à leur découverte ont-elles été sagement combinées ? ont-elles été scrupuleusement mises à exécution ?

Il n'est pas de mon sujet d'examiner ces différentes questions ; mais je répéterai, pour la mille et unième fois, que ce ne serait pas assez d'avoir trouvé les hommes qui conviennent à la chose ; car si la chose ne leur convenait pas, on ne serait pas plus avancé.

Que faut-il donc pour provoquer efficacement le tribut du zèle éclairé, de l'intelligence active? Que faut-il pour engager les hommes probes et instruits à ne plus refuser les places? Je propose à cet effet un moyen simple autant que juste. Si je n'ai pas la prétention de le croire la seule route qui conduise au but, ce n'est pas avec des phrases ou un ordre du jour qu'on me prouverait que son adoption ne serait un grand acheminement au succès des résolutions bien prononcées du gouvernement actuel.

Rapporter les deux loix que je cite en tête de mon mémoire, voilà la question que je soumets à l'examen de l'impartialité. J'ai annoncé que ce moyen était simple, puisqu'il ne s'agit que de loix réglementaires, conséquemment toujours susceptibles d'abrogation : j'ai ajouté qu'il était juste, parce que le rapport desiré, en rendant au propriétaire une jouissance qu'il n'aurait jamais dû perdre, fait cesser un régime en opposition manifeste avec les moyens secondaires dont le gouvernement ne saurait se passer. Je tâcherai, par quelques développemens, de démontrer cette vérité.

Je définis le mot PENSION, la récompense méritée par une ou plusieurs actions sublimes ; le prix du sang répandu pour la patrie, des travaux arides dont elle a recueilli le fruit, des veilles de longues années qui ont profité à ses enfans ; le prix encore des fonctions publiques qui ont devancé l'hiver de la vie des fonctionnaires.

J'observe en passant que ces titres à la gratitude nationale, la main du temps ne les efface pas, et qu'une fois *reconnus* et *proclamés*, ils doivent être à l'abri de tout attentat.

Je définis le mot TRAITEMENT, la convention écrite ou verbale de l'échange fait avec un individu et pour un temps limité, de ses forces, de ses talens, selon la valeur de l'objet échangé, et le degré d'aptitude nécessaire.

Sous la dénomination générique de traitement, je suis autorisé à réunir toutes celles qui lui ont été successivement substituées, et qui sont synonymes, telles que *gages*, *appointemens*, *salaire*, *solde*, *honoraires*, *gratification*, *indemnité*, *etc. etc.*

Pour établir la proposition sur laquelle je consulte, pour l'appuyer sur des faits, des exemples, des comparaisons, je ne remonterai pas à l'origine de la fondation des anciennes républiques, à ces temps où les mœurs étaient pures, l'amour de la patrie un sentiment général et profond, et les ressources d'existence plus rapprochées des besoins. Alors, sans doute, il suffisait à la reconnaissance, à l'émulation, que les actes de vertu, les services réels fussent consignés sur le grand livre des nations, et qu'un signe extérieur désignât à chaque instant à ses concitoyens celui qui avait honoré son pays.

Je ne parlerai donc qu'aux hommes et pour les hommes de ce siècle, non tels qu'il serait à desirer qu'ils fussent, mais tels qu'ils sont. Je leur dirai qu'aujourd'hui les plus grands services sont encore rendus à la chose publique ; qu'il y a encore des ames désintéressées : je leur dirai de même que ce qui, dans tous les temps, sera un *devoir* pour tous, est devenu insensiblement et par la force des circonstances un *métier* pour le plus grand nombre, et que ceux-ci, en entrant dans une carrière quelconque, en calculent à l'avance la stabilité, le produit et les résultats définitifs.

Il faut être de bon compte : l'homme, dans quelque état que le hasard, l'éducation ou sa propre volonté le place, songe primordialement à son existence physique. S'il est sage et raisonnable, si les événemens le secondent, il fait plus ; il tâche de se ménager une ressource contre la misère dans l'âge de la caducité.

Pour la plupart des états, soit libéraux, soit mécaniques, des canaux plus ou moins multipliés, plus ou moins abondans, peuvent promettre et cautionner cette ressource. On ne saurait dire la même chose de l'agent salarié par la nation ; car si on lui refuse la certitude de n'être pas abandonné quand il ne pourra plus servir, comme personnellement il ne s'intéressera pas aux progrès de l'administration à laquelle il appartiendra, comme rien dans l'avenir ne stimulera son zèle, son action sera froide et stérile ; il végétera, le moins long-temps possible, dans un emploi qu'il n'aura sollicité que parce que, pour le moment, il n'aura pas trouvé mieux (1).

Chez tous les peuples policés, le gouvernement récompense les services rendus à la chose publique ; il le fait par l'une ou l'autre des trois manières suivantes :

Ou par la concession d'une place dont l'exercice exige tout au plus la présence passive du titulaire ordinairement parvenu à un âge avancé,

Ou par le don d'une somme capitale et proportionnée à la nature et la durée des services,

Enfin, par l'assurance d'une somme fixe,

payable chaque année la vie durant du récompensé.

En France, on a suivi, pour les récompenses, à-peu-près les mêmes erremens que chez les autres nations, sauf cette foule d'extensions scandaleusement prodiguées à la faveur.

Dans mon opinion, le premier mode honore davantage celui qui en est l'objet, en même temps qu'il me paraît le plus économique, puisque le logement gratuit et quelques accessoires de peu d'importance en forment l'attribution principale : je vote même pour que le gouvernement, loin de négliger ce fonds précieux, en surveille attentivement la conservation.

Le second mode de récompense est le plus usité chez les autres peuples ; et si, de loin en loin, la France l'a adopté, ça été en sens inverse, par des motifs et pour le profit d'une caste privilégiée que la république ne reconnaît pas (2).

Elle serait au moins très-oiseuse la question de savoir ce qui arrive lorsque ceux qui ont été ainsi récompensés obtiennent une nouvelle activité, c'est-à-dire, si la jouissance d'un nouveau traitement pour eux est subordonnée à la restitution de la totalité ou partie du *capital*, qui a été le prix de leurs anciens services. Je crois pouvoir affirmer que jamais cette idée n'est entrée dans la tête d'aucun gouvernement ; cependant je la trouve expressément consacrée en principe, quoiqu'en d'autres termes, dans l'article X du titre 2 de la loi du 22 août 1790 (3).

Quant au troisième mode de récompense, autant il est d'une rareté extrême chez les autres nations, autant la monarchie française l'a employé sans choix comme sans mesure. Ce mode dérive, à la vérité, du même principe que le précédent ; il y a seulement, au préjudice du récompensé, cette différence vicieuse, qu'au lieu de se libérer envers lui avec une somme capitale, on se contente de lui en payer viagérement les arrérages ; ensorte que le gouvernement reste toujours le maître de servir ou ne pas servir ces arrérages, et d'en restreindre ou modifier le produit, selon sa position ou son caprice : aussi a-t-il abusé souvent de ce pouvoir étrange, tantôt par une suspension de paiement, tantôt par des retenues partielles, ou des réductions plus ou moins arbitraires, et dont le mérite indigent a plus particuliérement éprouvé les effets (4).

Je le sais : les principes de l'ancien régime, la légéreté de son gouvernement, cette affectation orgueuilleusesement présomptueuse de vouloir paraître généreux au milieu des embarras du trésor public, ont donné lieu à ces manques de foi, à ces dénis de justice.

C'est ici pour moi l'occasion, et je la saisis avec empressement, d'applaudir à la sagesse des dispositions du législateur relativement aux récompenses dues aux défenseurs de la liberté. Que n'est-il possible de pourvoir, par de semblables moyens, à l'existence de tous ceux qui auront bien mérité de la patrie!

J'ose le demander aux économistes de fraîche date : lorsque le soldat-citoyen, de retour dans ses foyers, aura été mis en possession du domaine que la reconnaissance nationale lui aura délégué ; lorsque savourant au sein de la paix, sous l'empire de la loi, le fruit de ses nouvelles sueurs, fier du motif qui lui mérita cette jouissance, il bénira la main qui l'en fit donataire, prétendrait-on, pour l'admettre à des fonctions salariées qu'il pourrait rechercher ensuite, et qu'il serait en état de remplir dignement, lui imposer l'obligation de rétrocéder cette partie de sa conquête? D'accord avec les hommes sans préjugé, sans passion, je suis loin d'avoir cette inquiétude ; cependant encore c'est ce qu'a fait l'article cité de la loi du 22 août 1790 (5).

J'ai eu sous les yeux les titres constitutifs de toutes les pensions, même secrettes, de l'ancien gouvernement, et, le premier, j'ai connu le très-petit nombre d'actes de justice sortis de cette source impure. Je ne m'en suis pas tenu à cette connaissance ; bientôt j'en rendis participante la première législature ; bientôt ces pensions obtenues par l'importunité, l'intrigue, les convenances et tous les moyens de cour furent supprimées ou considérablement réduites ; bientôt des pensions modiques dans leur origine, parce que leur concession avait manqué de protecteurs accrédités, furent recréées avec augmentation ; bientôt aussi les pensions conservées furent déclarées *le patrimoine*, *la propriété inaliénable* de citoyens qui avaient rendu des services réels au corps social. Au seul souvenir de la part que j'ai eue à ce commencement d'un nouvel ordre de choses, j'éprouve une sensation tellement délicieuse, qu'elle me fait oublier jusqu'à ma propre infortune, jusqu'aux persécutions que j'ai éprouvées depuis. Je reviens à la question.

Les années 1790 et 1791 virent s'écrouler cet édifice antique, que les calculs du génie fiscal avait élevé et aggrandi pendant des siècles ; je veux dire la formation des compagnies chargées en ferme ou régie de l'exploitation de l'impôt.

Dans la suppression de ces compagnies, furent

enveloppés tous les agens qu'exigeait indispensablement l'immense étendue de l'horison à exploiter, mais dont le prisme révolutionnaire grossissait prodigieusement la liste.

Ces réformes annoncées comme l'avant-coureur du salut de la France, avaient été précédées de celle des intendances, administrations provinciales et leurs bureaux.

Tout-à-coup plusieurs milliers d'individus de tout âge, perdirent un état qu'ils avaient cru à l'abri de toute vicissitude.

Quelques décrets ne tardèrent pas à leur promettre un replacement de préférence dans les administrations conservées ou substituées aux précédentes. Promesse illusoire ! les nouveaux préposés à la tête de ces administrations, voulant des collaborateurs nouveaux, des hommes à eux, ne manquèrent pas de prétextes pour éloigner d'abord, et repousser ensuite ouvertement tous ceux qui avaient servi sous la monarchie.

Ainsi, à l'exception de quelques sujets très-ineptes d'ailleurs, ou de ceux qui prennent facilement l'attitude courbe devant l'idole du jour; tout le reste, c'est-à-dire les quatre cinquièmes et demi, délaissés, sans appui, insultés, presque flétris, s'empressèrent de se faire inscrire sur le tableau de ceux qui avaient besoin de réclamer le bénéfice de la loi du 31 juillet 1791 (*).

A mon grand étonnement, cette loi donna une exclusion absolue à ceux qui avaient occupé les premières places, parce qu'on leur supposa gratuitement une fortune suffisante pour pouvoir se passer de secours. Il est vrai de dire qu'à raison de leurs talens supérieurs, ils avaient contribué, presque seuls, à l'accroissement et la perception de l'impôt ; mais c'était une erreur très-populaire de croire que, leur modique contingent dans une place supplémentaire prélevé, ils eussent co-partagé les bénéfices des traitans (6).

Quant aux agens subalternes, abstraction faite de quelques infidélités de la part des collaborateurs intermédiairement chargés des dispositions préparatoires de liquidation, la même loi régla la mesure des pensions que la justice et l'humanité réclamaient pour ces agens. Le législateur alla même plus loin ; et faisant la distinction de l'employé qui cesse volontairement ses fonctions à celui supprimé par l'effet de circonstances majeures, l'art. IV restreignit en fa-

(*) Cette loi porte création de retraites en faveur des anciens employés des fermes, régies et administrations supprimées.

veur de ceux-ci le nombre d'années de service exigible pour avoir droit à une pension. L'art. XI stipula en outre pour eux la faculté de conserver leur pension, lorsqu'ils obtiendraient une nouvelle activité.

Cette stipulation était la sauve-garde, la garantie d'une dette solemnellement contractée : elle était pour le pensionnaire-créancier un véhicule, une invitation à acquérir des droits nouveaux à une créance nouvelle ; elle tournait encore doublement au profit de la république, puisqu'elle n'en augmentait pas les dépenses (7), et qu'elle attachait à la chose des sujets à la fois nécessaires et propres.

Par cette stipulation, le législateur reconnaissait donc et consignait, comme une vérité constante et inattaquable, que la pension était le prix payé pour des services rendus, et le traitement, le prix d'un service actuel. Il déclarait que le passé sur lequel il avait été irrévocablement statué, n'avait ni co-incidence, ni affinité avec l'avenir qu'on ne devait ni ne pouvait préjuger. Il considérait le pensionnaire comme un créancier recevant des intérêts amortissables par le seul remboursement du fonds qni les avait causés. En dernière analyse, le législateur assimilant avec raison le pensionnaire au rentier, prononçait qu'il n'y avait pas plus d'incompatibilité entre la pension et le traitement, qu'entre la rente et les appointemens acquittés au profit du même individu, et des deniers de la même caisse.

Qui voudrait maintenant se constituer l'apologiste d'une contradiction aussi frappante entre les deux loix que j'examine, loix rendues à un intervalle de onze mois l'une de l'autre, par le même législateur et sur le même objet? Il me suffit de l'avoir fait sentir cette contradiction (8).

Pendant l'espace de quinze mois environ, des savans, des hommes de-lettres, des artistes qui avaient honoré leur siècle, quelques-uns aussi de ceux qui avaient marqué avantageusement dans différentes parties d'administrations, continuèrent, à l'ombre protectrice de la stipulation de l'article XI, les uns de soutenir, par leurs travaux, leurs écrits, les fondemens ébranlés de l'instruction ; les autres, de maintenir, par la connaissance pratique des affaires, l'ordre qui en prépare l'examen, la méthode qui en accélère l'expédition, et les règles qui en motivent les décisions ; et c'est ainsi que, par un heureux amalgame, pouvaient croître et se féconder des pépinières de dispositions naissantes destinées à réparer les pertes.

Peu après, du zénith au nadir, le souffle des passions vint infecter l'atmosphère ; et de leur choc tumultueusement pressé, sortit armée d'un glaive une nouvelle phase de la révolution. Des idées politiquo-sophistiques prirent la place des principes éternels ; et comme elles carressaient, *en la trompant*, la multitude ignorante, crédule et toujours avide de nouveauté, elles firent toute la fortune que paraissaient désirer ceux qui les avaient mises au jour.

Ce fut au milieu des accès de cette effervescence que, par l'élan d'un zèle hypocrite, traînant avec lui le motif banal et perpétuellement applaudi d'une économie factice, fut faite et décrétée, à l'ouverture de la séance du 7 floréal, an deux, et sans discussion préalable, la proposition d'annuller, pour tous les cas, la faculté consentie en faveur des pensionnaires par l'article XI de la loi précitée.

Encouragés par des victoires remportées sans coup férir, certains démagogues profitèrent de l'abattement morne et stupide des uns, et de l'engouement incroyable des autres, pour mettre en action tous les ressorts de leur tactique ; et d'encore en encore, les hommes qui avaient montré de la sagacité, de la droiture, dont le civisme était prouvé, non par les démonstrations du délire, les gestes de la convulsion, mais par une conduite franche et énergique ; ces hommes, dis-je, signalés comme ennemis du bien public, devinrent la proie le plus opiniâtrement convoitée par les embastilleurs. Les services rendus avant le 14 juillet furent voués au mépris ; l'expérience comptée pour rien ; la raison, un flambeau, un instrument inutiles ; la dignité, la décence, la modestie qui s'étaient tenues par la main, foulées aux pieds ; les places occupées au rebours du bon sens, à l'aide d'un cynisme outré d'un idiome barbare, seules recommandations puissantes ; et les employés de toutes les classes assujettis à la formalité d'un certificat insignifiant, dérisoire, à raison de l'immoralité qui l'accordait ou le refusait.

C'est à l'histoire à raconter quelles furent les suites de ce bouleversement général des choses et des idées ; je me hâte d'arriver au 9 thermidor, à cette journée que l'on crut le terme de tant de calamités. Parmi les demandes qu'elle fit naître, de toute part retentit celle d'une épuration prompte et salutaire dans toutes les parties. On ne mit plus cet entêtement ridicule à soutenir que des papiers d'administrations étaient utilement confiés en des mains jadis exercées aux travaux négligés des ateliers et des campagnes. On

confessa

confessa tout-haut ce qu'on n'avait pas cessé de se dire tout-bas ; que le zèle inconsidéré ne remplaçait pas les lumières ; qu'un bonnet rouge n'endoctrinait pas la tête de celui qui s'en affublait ; que le facteur d'un bureau représentait mal sur la chaise du premier commis, le garçon de caisse, sur celle du receveur ou payeur comptable. On convint que l'impéritie grossièrement rebutante d'un soi-disant patriote, était incomparablement plus funeste, plus désastreuse que le talent et l'urbanité d'un prétendu modéré. On sentit que s'il fallait moins d'un quart-d'heure pour nommer à certains emplois, il fallait souvent trente années d'études pour être en état de les bien exercer. On avoua enfin que toutes ces transfigurations subites étaient une leure, une turpitude, une monstruosité (9).

Des ordres très-précis furent donnés et renouvelés pour la régénération totale des bureaux de l'administration. Mais ceux qui reçurent la mission de l'effectuer, obligés de faire un cours de discernement, y apportèrent délai sur délai, ou ne mirent que le fripon à la place du voleur, la bêtise à celle de l'ignorance (10). Semblables au botaniste qui, né sous un autre émisphère, et n'ayant qu'une théorie très-superficielle de la végétation de notre continent, viendrait y herboriser : étranger, sans guide sur les sites qu'il voudrait parcourir, il laisserait derrière lui, sans les distinguer, le romarin suave, le camoëdrys onctueux, et croirait avoir fait une riche moisson du guy parasyte, de la mandragore vénéneuse qu'il n'aurait pas mieux connus.

Inutilement aussi on essaya d'admettre au concours les anciens commis pour occuper les premières et secondes places. Les uns n'oubliant pas la condition imposée de la renonciation aux récompenses qu'ils avaient obtenues, n'imaginèrent pas que les offres faites valussent la peine de courir les risques et de hasarder les frais d'une transplantion.

Les autres, peu confians dans des promesses qu'on pouvait éluder aussi facilement que les précédentes, crurent devoir suspendre toute détermination jusqu'au rétablissement de l'ordre et le règne des loix.

Ceux-ci, fatigués d'une oscillation continuelle, rebutés par une succession de changemens, avaient trouvé dans le commerce ou l'agriculture une occupation affranchie de toute clause onéreuse.

Ceux-là, jaloux de conserver intacte une réputation fortement ambitionnée et difficilement acquise, ne voulurent pas s'asseoir à côté du crime, de la calomnie ou de la sotise.

Le plus grand nombre craignit de faire de vains efforts au milieu des entraves d'un tournoiement burocratique qu'ils prévoyaient devoir durer encore long-temps; et presque tous préférèrent l'obscurité de leur retraite, et la pénurie qui la bombardait (11).

Cette tentative n'ayant pas donné les résultats attendus et toujours d'une nécessité urgente, le législateur, par les raisons que j'ai déjà développées, et la considération du discrédit toujours croissant de la valeur nominale, se vit obligé, le 24 messidor, an 3, de revenir sur ses pas, *en autorisant, pour la seconde fois, mais partiellement, le cumul du traitement et de la pension.* J'aurai, toute ma vie, présent à la mémoire l'éloquent et nerveux discours prononcé pour faire décréter ce cumul jusqu'à concurrence de *trois mille francs*; mais je dois regretter que l'orateur ait employé dans cette occasion une force *centuple* de la résistance qu'il paraissait vouloir vaincre (12). Tel le laboureur qui, pour sillonner une terre sabloneuse et légère, placerait sous le joug trente paires de bœufs des plus vigoureux.

Quoi qu'il en soit, le maximum de *trois mille francs*, cet *ultimatum* de repos ou d'activité pour les pensionnaires, mit le comble au découragement des uns, au désespoir des autres. On me permettra d'examiner rapidement le droit et le fait de ce *nec plùs ultrà.*

Le titre 3 de la loi du 22 août 1790 avait posé les bases fondamentales des récompenses que pourrait *prétendre* tout citoyen qui aurait servi, défendu, illustré, éclairé la patrie, ou donné un grand exemple de dévouement à la chose publique. De cette partie de la loi, longuement méditée dans le calme, profondément mûrie par la réflexion, soumise à une discussion contradictoire et prolongée, aucune disposition n'avait été attaquée ni rapportée : toutes avaient été conservées dans leur intégralité ; aujourd'hui encore, c'est d'après les mêmes dispositions qu'on propose et prononce sur la somme des liquidations.

Malgré sa concision, sa lucidité, ce titre de la loi avait-il donné ouverture à diverses interprétations ? ou la première législature n'avait-elle pas été assez sévère, assez éclairée relativement à tout ce qu'elle avait arrêté concernant les récompenses nationales ? Je ne le pense pas, et le silence des partisans de l'opinion contraire confirme la mienne (13). Pourquoi donc le décret du 19 juin 1793, sans préambule, sans considérant, fut-il arraché à la convention? (14)

J'ai de bonnes raisons pour me rappeller qu'à cette époque les délibérations n'étaient pas libres, et que c'était déjà une sorte d'urgence d'aviser et de saisir les *moyens raisonnables* de diminuer les charges de la république. A cette époque aussi le taux des denrées de première nécessité était encore avec l'assignat dans un rapport moins disproportionné. On espérait d'ailleurs que ce retranchement d'une dépense qui touchait de si près à la subsistance de l'individu, ne serait pas de longue durée : cette opinion semblait même fortifiée par le mot PROVISOIRE, adroitement inséré dans la loi. Mais, au fond, les pensionnaires qui ne pouvaient plus ignorer qu'on cherchait à les mulcter, ne prirent pas le change; et chacun d'eux ne voulant pas s'exposer au danger imminent des réclamations, s'arma de patience, se tut, et fit bien.

Depuis lors, les tems ont changé : l'indigence a reçu des secours, l'agriculture des avances, le commerce des encouragemens, les arts des fonds particuliers, et le fonctionnaire public des indemnités. Pourquoi le sort des pensionnaires de l'état a-t-il *seul* empiré? La raison en est bien simple : c'est que bien des gens affectent de croire et s'efforcent de persuader que ces pensionnaires ne font plus partie de la grande famille (15).

Au demeurant, la lésion produite par le décret du *maximum* des pensions a été aussi meurtrière que celle qu'aurait opérée la loi sur la consolidation de la dette publique, si celle-ci eût ordonné que, nonobstant le résultat de la liquidation à faire des titres, chaque rentier ne recevrait en arrérages que jusqu'à une concurrence provisoire de *trois mille francs* (16).

Je dis plus : le *maximum* des pensions a été, dans ses effets individuels, plus dur, plus coercitif que ne le serait le décuplement des contributions indirectes ; car ici le surhaussement de l'impôt ne frapperait que des actes, la plûpart volontaires, et par des fractions presque insensibles, ou des propriétés commerciales et industrielles dont les revenus suivent, sans effort, les variations de la hausse et de la baisse ; tandis que le pensionnaire, dans toutes les hypothèses, et quelles que soient les bonifications à espérer du retour de la paix, de l'abondance et de la tranquillité, n'a pour expectative que des chances plus ou moins malheureuses.

La justesse de mes comparaisons est d'autant plus évidente, qu'en dépit de l'anathême qui pèse constamment sur la tête des anciens pensionnaires, il m'est clairement démontré que leur créance, comme celle des pensionnaires modernes, tient le premier rang dans le catalogue de la dette publique ; puisqu'en présence de la bonne foi, les titres qui constituent cette créance seront toujours plus que l'équivalent du produit des spéculations mercantiles, souvent des opérations équivoques, des gains illicites, et de tous les moyens pécuniaires qui ont alimenté les emprunts de l'ancien gouvernement. D'après cela, peut-on voir, de sang froid, tracée au préjudice du pensionnaire, cette ligne de démarcation qui le sépare et le distingue des autres capitalistes, créanciers de la nation ? S'il n'est pas possible de les traiter mieux, ils ne méritent pas d'être traités plus mal. Là se bornent leur demande ; le reste fait cause commune avec les autres créanciers ; et, comme eux, ils en attendront les événemens.

Sur ces différentes données, je cherche à me faire des objections.

1°. *Lorsque la fortune de celui qui a consacré ses talens et ses forces à la patrie, lui permet de se contenter des graces honorifiques, elles doivent lui tenir lieu de toute autre récompense.*

Je reconnais cette maxime républicaine : dans une matière moins grave, j'aurais beau jeu pour la rétorquer contre ces *aristarques* apôtres infatiguables des privations qui ne les atteignent pas. Ici je me borne à une réponse que je crois également sans réplique : c'est que, d'un côté, les pensions de fortes sommes, notamment celles accordées au crédit, à la nullité, sont éteintes de fait ou de droit (17) ; et que, de l'autre, on ne me citerait pas un seul pensionnaire qui pût dire : J'AI DU PAIN.

2°. *Tout-à-l'heure, une loi vient de promettre au pensionnaire, comme au rentier, une indemnité graduelle d'arrérages pour le prsmier sémestre de l'an* 4.

Je réponds qu'une indemnité, dans la véritable acception du terme, est un supplément momentané de salaire, ou un secours pour lequel celui qui l'accorde n'avait pas souscrit d'obligation, et qu'il fera cesser quand il le voudra, sans que celui qui le reçoit puisse s'en plaindre. Une indemnité est un bienfait, un acte de pure sensibilité pour le malheur, toujours digne d'égards. Une indemnité n'est pas une dette ; elle n'est donc pas rigoureusement juste en principe ; elle ne l'est que par circonstance.

Au cas particulier, il ne s'agit ni d'indemnité ni de secours. La progression promise en valeur nominale, sur les premiers neuf cents francs de rente ou pension, n'augmente pas d'un millésime les arrérages de la dette constituée. Cette plus forte somme numérique n'est qu'une compensation tardive et trop faible, comparée à la moins-value du signe destiné à l'acquittement de ces arrérages (18).

Le *maximum* des pensions, au contraire, est la portion arbitrairement retranchée d'une créance avouée par le débiteur, juge et partie dans sa propre cause. Ce *maximum* est la violation d'un engagement contracté au nom et pour la patrie, la déclaration formelle de l'amortissement d'intérêts; dont le capital n'est ni éteint ni remboursé.

3°. *En principe, le bien particulier doit céder au bien public : or, le bien public veut l'économie dans les dépenses de l'état. Donc, le* maximum *étant au profit de l'état, est un bien public qui doit l'emporter sur le dommage qu'éprouve le bien particulier dans la personne du pensionnaire.*

Ce n'est certainement pas ma faute si cet argument, malgré sa contournure dans le sens le plus favorable à l'objection, n'est pas en la meilleure forme possible. La majeure est un paralogisme; la mineure, une selle à tous chevaux, et la conséquence tirée par les cheveux fait pitié.

Dans l'espèce, voici ce que Montesquieu m'apprend : « *Le bien particulier ne doit céder au bien* » *public que dans les cas où il s'agit de la liberté du* » *citoyen, et non dans ceux où il est question de sa*

» *propriété, parce que le bien public est toujours que* » *chacun conserve* INVARIABLEMENT *la propriété* » *que lui donnent les loix civiles* ».

Le même auteur qui en valait bien un autre, ajoute : « *Le bien public n'est jamais que l'on prive* » *un particulier de son bien, ou même qu'on lui en* » RETRANCHE LA MOINDRE PARTIE PAR UNE » LOI OU UN RÉGLEMENT POLITIQUE. *Dans ce* » *cas, il faut suivre,* A LA RIGUEUR, *la loi civile,* » *qui est le* PALLADIUM *de la propriété* (*) ».

Si l'on prétend nier que la pension soit la propriété du pensionnaire, le *maximum*, la privation d'une partie de son bien ; si l'on veut que la loi du 22 août 1790, que celle du 19 juin 1793 ne soient pas des loix réglementaires, mais des loix civiles ; et si de ces affirmations et négations articulées à son choix, on infère que ma citation porte à faux, ou qu'elle est paradoxale, je déclare qu'alors je n'ai plus rien à dire (19).

O vous ! qui avez tenté l'avilissement et juré la perte des hommes qui font gloire de leurs services, quoique la date en remonte aux temps qui ont précédé la révolution, soyez satisfaits, la seconde partie de vos vœux est exaucée. Depuis trois ans, ces hommes s'éteignent et leur

(*) Esprit des loix, liv. 26, chap. 15.

créance avec eux.... Chaque jour, l'abandon dans lequel on les laisse, les moissonne....... chaque jour, ce silence prolongé sur la misère qui ombrage leurs derniers instans, les tue...... Encore quelques décades.... et le trésor public ne leur devra plus rien.

BURTÉ.

NOTES.

(1) Dans le notariat ou toute autre profession de cabinet, un jeune homme actif et intelligent acquiert des connaissances, et se procure insensiblement un état utile et indépendant.

Chez un négociant, le commis qui réunit à une bonne conduite des dispositions heureuses, obtient un intérêt dans les affaires de son commettant, où il monte un établissement dans le même genre.

Dans l'état de domesticité même, lorsque le sujet a toujours été aussi fidèle que laborieux, lorsqu'il a usé la majeure partie de sa vie à rendre celle de son patron douce et agréable, celui-ci ne l'abandonne pas ; il a pour lui une sorte d'attachement qui tient du respect et de la reconnaissance ; sa famille est encore un objet de sa sollicitude.

Pour le commis d'administration, aujourd'hui sous un chef à qui il plaît, demain sous un autre à qui il ne convient pas ; tantôt occupé, tantôt sans emploi ; appartenant à tout le monde, et n'appartenant à personne, il est sans cesse le jouet du caprice ou des circonstances. Pères et mères qui veillez sur le sort de vos enfans, n'en faites pas des commis !

(2) C'est ainsi que les exclusifs de l'ancien régime parvenaient à fermer les brêches de leur inconduite, et qu'ils avaient même l'impudeur de revenir souvent à la charge.

(3) Obliger un pensionnaire à renoncer à la jouissance de sa pension, parce qu'il rentre en activité, parce que cette activité lui donne à un traitement, des droits isolés, distincts, indépendans du passé, c'est forcer ce pensionnaire à la restitution du prix qui a été affecté à ses anciens services; c'est lui dire que ses droits antérieurement acquis sont annullés, et qu'ils ne sont, tout-au-plus, que des considérations à faire valoir, s'il y a lieu, lorsqu'il cessera définitivement toute fonction.

(4) Combien de gratifications annuelles ou extraordinaires obtenues par les privilégiés de la cour pour les indemniser des retards ou des retenues qu'ils éprouvaient sur le paiement de leurs fortes pensions, tandis que l'homme véritablement digne d'intérêt ne trouvait de dédommagement et d'appui que dans sa constante résignation au malheur !!

(5) Cette seconde comparaison est aussi exacte que la première; car, soit que le défenseur de la patrie rende le domaine qu'il a reçu pour prix de son sang, parce qu'il vient à exercer une fonction salariée; soit que l'employé abandonne la pension qu'il a obtenue pour prix de ses anciens services, parce qu'il trouve occasion d'en rendre de nouveaux, *unum atque idem sonat.* Sans doute il est fondé et très-fondé l'orgueil de celui qui, au péril de sa vie, a concouru à l'établissement de l'indépendance du peuple français; et ses droits à la gratitude nationale sont impérissables. Mais si on ne pouvait servir son pays que par l'effusion du sang de l'ennemi, que deviendraient les prétentions de ceux qui, n'ayant pas brûlé une amorce avant et depuis la révolution, se croient cependant les pierres angulaires de la république ?

(6) Je n'ai garde de vouloir désigner ici les directeurs et receveurs des fermes et régies dans les ci-devant provinces, dont le traitement fixe ne s'élevait guères au-

delà de 3, à 6000 livres, et dont les places néanmoins, à raison des gratifications casuelles, excédant de remises, produits supplémentaires, parts dans les saisies, immunités particulières, logement et bénéfice d'usance sur la négociation du papier, rapportaient de 25 à 60,000 liv.

On se doute bien que ces places, presque toutes à la nomination de la cour, et vendues par elle, étaient accordées moins au mérite qu'à des arrangemens de famille. Alors il eût été de la dernière indécence d'en classer les titulaires avec ceux qui pouvaient prétendre à une récompense : autant eut-il fallu y comprendre les membres, tant en nom qu'en croupe des compagnies financières.

Cependant, et par une bisarrerie dont je ne saurais me rendre compte, les mêmes individus ont pu obtenir en pension le quart de leurs appointemens proprement dits, en justifiant par eux de trente années de services.

Les employés dont je veux parler sont ceux qu'une longue série de travaux utiles avait fait promouvoir aux places de chefs et sous-chefs de correspondance et de comptabilité, avec traitement depuis 4,100 liv. jusqu'à 12,000 liv. et que l'article XVIII de la loi du 31 juillet 1791 a laissés sans récompense, s'ils ont joui de ce traitement pendant cinq années ou plus, et s'ils n'ont pu en prouver trente d'activité dans un grade quelconque.

Cet article a donc préjugé que le commis, soit célibataire, soit père de famille, qui avait reçu, pendant cinq années, au-delà de 4,000 francs de traitement, mais qui n'en compterait que vingt-neuf de services, aurait dû trouver dans ses économies de quoi pouvoir se passer de pension ; et que s'il parvenait à justifier trente années de services effectifs, c'est-à-dire une seule année de plus que les vingt-neuf, il était recevable en demande d'une pension. J'ai beau me frotter les yeux, ces deux conséquences ne sont pas claires pour moi.

Voici un autre résultat de la même loi, qui ne me semble pas en meilleure concordance ; celui qui donne à l'employé supprimé un *maximum* de 2,000 liv. en pension, après *quarante* comme après *vingt* ans de services.

Dans les exemples cités, et qui sont très-nombreux, la chance est d'autant moins égale, qu'indépendamment de la différence dans les sommes, il y en a souvent une de près de dix ans d'âge au préjudice de celui recevant moins, sans compter la plus grande facilité pour celui qui n'a que vingt ans de service sur celui qui en a trente, de trouver et de remplir une nouvelle fonction utile.

(7) La non-augmentation de dépense est sensible ; car, payer deux mille francs en pension, et pareille somme en appointemens, le paiement total ne sera toujours que de quatre mille francs ; soit que deux individus, l'un pensionnaire, l'autre commis, partagent ce total ; soit que le même, réunissant les deux titres, reçoive ces quatre mille francs.

(8) On m'observera, peut-être, que la contradiction est idéale et chimérique, en ce que la disposition de la loi de 1791, applicable aux seuls employés supprimés, conséquemment dans une position plus graciable, ne devait même avoir d'effet que dans un cas prévu, c'est-à-dire, lorsque le traitement de la nouvelle place de ces employés n'excéderait pas les *deux tiers* de celui en jouissance au moment de leur suppression.

De cette restriction aux deux tiers, et de son application exclusive, voudrait-on conclure que, dans une cause où il s'agissait de créances individuelles et avouées, le législateur a peut-être cru qu'ayant la force en main, il lui était permis de composer avec le principe, en laissant au débiteur le droit d'exprimer quand, comment et dans quelle mesure il lui serait convenable de se libérer ; comme si ces créances pouvaient changer de nature ; comme si elles étaient susceptibles d'extinction ou de morcellement dans tout autre cas que celui de leur remboursement, ou d'une nouvelle convention de gré à gré avec les créanciers ? Il me suffit encore d'avoir présenté la question; j'en laisse la solution à qui voudra.

(9) Ces disparates sont du nombre de celles que les contemporains ont bien de la peine à croire, et que ne croiront pas ceux qui liront l'histoire de la révolution française. L'étrange abus qu'on a fait des hommes, des mots et des choses avait exaspéré la multitude au point

d'imaginer qu'il n'était pas nécessaire d'avoir fait un long apprentissage pour être un excellent administrateur, même un profond jurisconsulte ou un législateur érudit ; qu'il suffisait en tout de faire précisément le contraire du passé, et que, pour faire le bien, c'était assez de le vouloir sincèrement, sans se douter en quoi il consistait, encore moins connaître les moyens de l'opérer ; qu'ainsi le premier venu, ne sachant pas signer son nom, était apte à toutes les places. Ce préjugé, l'arcboutant des exclusifs, malgré les faits innombrables, malgré les ruines qui déposent contre lui, n'a pas encore perdu toute sa force.

(10) Aujourd'hui encore, malgré les soins et l'attention du gouvernement pour ne confier l'examen provisoire des affaires qu'à des hommes purs ; comme il lui est impossible de se prémunir contre l'effet de sollicitations pressantes en faveur de sujets se disant, se croyant par *excellence*, tous les jours il est exposé à l'erreur. Comme il ne peut avoir une connaissance habituelle des détails, il ignore forcément dans combien de mains il convient de les laisser. Comme en principe d'administration il ne voit que les surfaces, et qu'il ne doit faire lui-même que ce qu'il ne peut pas faire faire par ses agens, il est facile de le tromper, et de vexer les parties réclamantes. De-là, soit cupidité, soit insuffisance de salaire à ces agens, soit incertitude de leur permanence en place, soit toute autre cause, tout est à-peu-près réduit en spéculation ; et comme de ces délits réels, fréquens, même journaliers, il ne reste ni preuve matérielle, ni indice juridique, on ne saurait les dénoncer ni en demander la punition. Je l'ai dit quelque part : l'athmosphère était tellement surchargé des vapeurs de la corruption et de l'ignorance, que son épuration entière, dans un temps donné, était au-dessus des forces morales. La sagesse du gouvernement lui interdit les secousses, les mesures violentes ; et pour extirper de notre sol les plantes parasites et vénéneuses qui le dévorent encore, il ne veut pas, il ne doit pas y porter la flamme, qui consumerait en même-temps le grain utile et la pousse nutritive.

(11) Depuis que la valeur nominale était au-dessous de deux cents capitaux pour un, quelques anciens em-

ployés, tombant d'inanition dans leurs greniers *démeublés*, avaient accepté des places subalternes par la seule raison de l'indemnité supplétive accordée aux agens salariés. La république y trouvait son compte, et par les services d'habitués au travail, et le non-paiement de leurs pensions. Mais du moment où ces pensions, à l'instar du traitement, seront payées en valeur fixe sans supplément, ces employés préféreront vraisemblablement une somme à laquelle ils ont droit sans activité à une somme égale dont leur activité cseroit *onditio sinè qua non*. Alors il faudra bien les remplacer si, comme je m'en flatte, on ne veut plus souffrir un arriérement presque total des affaires. Comment néanmoins l'opérer ce remplacement, si les sujets capables refusent toujours, faute de moyens d'existence, d'y concourir? C'est en vain qu'on espérerait couvrir ce déficit par une surabondance de ces protégés de nouvelle fabrique, de ces bras enlevés aux réquisitions, aux arts, à l'agriculture, et dont l'inaptitude émarge, bon gré malgré, chaque mois, les sept huitièmes des états d'appointemens. Ce n'est pas en multipliant les rouages de l'administration que les mouvemens en deviendront simples et réguliers; songeons donc, une fois pour toutes, à détapisser les bureaux de toutes ces figures hétérogènes; ne donnons plus à la cupidité le prétexte, les occasions et les moyens de soumissionner chaque opérations; renfermons sévèrement dans le cercle de leurs devoirs les agens qui nous sont absolument nécessaires; accordons à ceux qui peuvent être réellement utiles la jouissance du prix de leurs anciens services et de leurs travaux présens; il n'en coûtera pas une centime de plus à la république, et le gouvernement sera secondé autant et comme il a besoin de l'être.

(12) Ce fut la même chose lorsque, le 16 fructidor suivant, on rendit aux membres de l'institut national la faculté de cumuler plusieurs traitemens. A cette occasion, on esquissa le tableau trop fidèle des inconvéniens graves attachés á l'exécution de la loi du 7 floréal. La convention parut douloureusement affectée d'apprendre que cette loi empêchait des hommes distingués de se livrer à des travaux utiles, à cause de leur gratuité onéreuse, et parce que ces hommes avaient été forcés d'opter, soit entre divers traitemens,

temens ; soit entre une pension et un salaire dont la réunion eût été insuffisante pour les mettre à l'abri du besoin. A cette occasion aussi il fut observé que la mesure proposée paraissait devoir être étendue à d'autres citoyens qui n'étaient pas moins recommandables, et qui servaient la patrie au détriment de leur repos et de leur fortune ; deux comités furent même chargés d'examiner s'il serait convenable de généraliser cette mesure ; mais le soin de cet examen, ces comités l'abandonnèrent à leurs successeurs, et depuis lors, il n'en a pas été question. Cela n'empêche pas qu'il ne reste pour constant que la loi du 24 messidor, en accordant la faculté de cumuler pension et traitement jusqu'à une concurrence fixe, n'a rien changé, n'a pu rien changer au droit de jouir de cette faculté, et qu'en en permettant l'exercice, le législateur a confirmé de nouveau le principe attributif du droit. Ajoutons que ce principe se trouvait contrarié pour une jouissance au-dessous comme au-dessus de trois mille francs.

Répétons de même, que la gloire et l'intérêt sont les deux grands mobiles des actions humaines ; mais n'oublions plus qu'en desirant sincérement que le premier soit compté pour quelque chose, nous ne pouvons refuser à nos agens une subsistance, puisque nous avons invinciblement besoin d'eux. Cette inscription dans les cœurs vaudrait bien, je pense, celle de l'existence de l'Être suprême sur la porte des temples.

(13) De ma réponse négative, j'excepte la seconde partie du premier paragraphe de l'article V du titre cité, laquelle porte que *le taux de la pension dans les emplois civils sera réglé sur le traitement qu'on avait dans le dernier emploi, pourvu qu'on l'ait occupé* PENDANT TROIS ANNÉES ENTIÈRES.

Un des comités de gouvernement pendant la session de l'assemblée conventionnelle, me paraît avoir, plus d'une fois, torturé le sens et l'esprit de cette partie du paragraphe.

(*Premier exemple*). Lors de sa suppression, un employé comptait trente-huit années de services, dont dix dans le dernier emploi. Son traitement avait été diminué d'un cinquième pendant les trois derniers mois seulement de son activité. La commission exécutive chargée du rapport, avait proposé pour base de la pension le résultat du produit de l'année commune des trois dernières. Ce calcul, minutieusement exact, prouvait l'impartialité de la commission, et laissait au liquidataire l'espérance que le comité approuverait la proposition ; mais celui-ci décida, *ex cathedra*, pour le taux des quatre cinquièmes ; conséquemment pension de 4,400 liv. au lieu de 5,500 liv.

(*Second exemple*). Un autre fut supprimé après vingt-sept ans de services dans des places supérieures, avec traitement depuis six jusqu'à quinze mille francs : point de pension. Retiré à la campagne, il y accepta et remplit pendant trois ans une fonction publique du produit de six cents francs : les trente années exigées par la loi étant acquises, il obtint cent cinquante francs de pension pour le quart de ces six cents francs.

Si quelqu'un se couchait et se levait persuadé que ces deux liquidations sont régulières et conformes à la loi, je lui dirais qu'il en est de la loi comme d'un mot ou un geste qui, sans développer la pensée et l'intention, les exprime cependant de manière à ne pas induire en erreur ; et que, dans le doute, l'individu mis en jugement a le droit de réclamer et d'obtenir l'application de la loi dans le sens le plus favorable sur la punition ou la récompense.

Au cas particulier, je demanderais au jury si le législateur peut être soupçonné d'avoir voulu tourner contre les liquidés l'effet d'événemens qu'il n'aurait pas été en leur pouvoir d'empêcher ou de prévenir : je lui observerais, à ce jury, que ces événemens ne devraient pas être plus à craindre dans le service civil que dans le militaire, où celui qui passe d'un corps dans un autre conserve dnns le second le grade et le traitement dont il jouissait dans le premier, avec la certitude que, s'il ne parvient pas à un grade supérieur, on ne le fera pas rétrograder.

De plus, ajouterais-je au jury, il arrive tous les jours dans les bureaux de l'administration, où l'avancement, sauf les cas infiniment rares, ne s'obtient jamais par la seule ancienneté, qu'un employé n'arrive à une place supérieure qu'autant qu'elle lui est acquise par la nécessité absolue d'un bon choix, une longue expérience-pratique, et des travaux dont d'autres pour lui et avant lui ont déjà et pendaut long-temps recueilli l'honneur et le profit.

Si cet employé, après six mois d'exercice en titre de cette place, empêché par l'âge ou les infirmités, devient hors d'état d'en continuer les fonctions; comme il n'aura pas occupé cette place pendant trois années entières, c'est-à-dire, comme il n'en aura pas touché les honoraires pendant trente-six mois, sera-t-il puni à-la-fois de deux manières, et par l'épuisement de ses forces, et par la privation de la récompense due à cet épuisement ? J'ai la confiance que la déclaration du jury serait pour la négative. Telle est, au surplus, la disposition de l'article XXI du titre premier de la même loi; mais comme alors la pension ne peut être déterminée que par la nature et la durée des services, le genre des blessures et l'état des infirmités; comme rien ne précise la mesure de cette détermination, il est permis de craindre que l'arbitraire n'en soit quelquefois le régulateur.

Quant à la sévérité des autres bases de la loi du 22 août 1790, l'obligation impérative de justifier de trente années de services effectifs pour obtenir en pension le quart du traitement d'activité dans les emplois civils, la suppression de toute réversibilité et survivance, l'exactitude rigoureuse avec laquelle les espérances et les droits respectifs se trouvent articulés, sont autant de témoignages irrécusables de l'éloignement des rédacteurs de cette loi pour charger légérement et inconsidérément le trésor public.

(14) Le même jour, un autre décret avait chargé le comité de liquidation de la révision de toutes les loix rendues sur les pensions, afin de prononcer définitivement et d'une manière invariable sur les droits des anciens employés. D'après cette annonce, j'avais moi-même jetté sur le papier quelques réflexions dont ce comité fit prendre communication par son secrétaire. De mois en mois on devait arrêter les bases du travail; on n'en a rien fait: le *maximum* est resté, et le remède n'est pas venu.

(15) Il semble, en effet, que la classe des pensionnaires soit proscrite comme celle des prêtres. La manière de la tourmenter, pour être moins active, tend toujours au même but. Chez certaines nations sauvages, on tue,

dit-on, les vieillards que l'âge ou les infirmités mettent hors d'état de pourvoir à leur subsistance; ici, ils meurent de faim.

(16) Certes, les rentiers ont dû être émerveillés que, le 24 août 1793, il soit échappé à la minerve de l'ex-contrôleur général des finances de la république, et de ses teinturiers, deux choses complettement selon leur goût spoliateur; l'une, de proposer un *maximum* sur les rentes comme sur les pensions, un *maximum* aussi sur les talens et les besoins; l'autre, de faire déclarer que tout agent salarié par la nation ne pourrait cumuler rente et traitement. Je le donne au plus habile ou au plus fourbe à me dire si ce chef-d'œuvre d'horreur n'aurait pas reçu les acclamations sardoniques de la montagne, si les chapeaux jettés en l'air des députés des assemblées primaires pour l'acceptation de la constitution anarchique ne l'auraient pas sanctionné, et si des couriers extraordinaires n'en auraient pas porté la nouvelle dans tous les départemens où l'exécution de cette double atrocité aurait froissé d'autant moins les individus, que le nombre des rentiers nationaux n'y est compté pour rien comparativement à ceux domiciliés dans le département de la Seine.

(17) On s'imagine, peut-être, qu'en fesant cesser le *maximum* des pensions, l'augmentation de dépense serait énorme.

1°. Une dépense quelconque est légitime ou elle ne l'est pas. Je reste persuadé qu'on ne pourrait pas contester sérieusement celle dont il s'agit: elle a été reconnue dette nationale; elle a été mise sous la sauve-garde de la loyauté française. La justice, la reconnaissance, l'humanité s'accordent pour lui donner un caractère sacré; il faut donc qu'elle soit acquittée.

Si le souvenir des maux qu'a produits la loi du *maximum* arrache des larmes de sang à l'homme qui n'a pas renoncé au sentiment de la pitié; si la mémoire des provocateurs de cette loi est vouée à l'indignation méritée des siècles, j'ai la confiance que la législature constitutionnelle ne montrera pas la même insensibilité, le même endurcissement, et que jalouse de la gloire du gouvernement, elle le sauvera du reproche d'ingratitude et de parjure.

2°. En considérant le très-grand nombre des pensions au-dessus de trois mille francs, qui appartenaient à des individus sortis la plupart du territoire de la république, pour n'y rentrer qu'en payant de leur tête le crime de trahison dont ils se sont rendus coupables : en ajoutant à ce calcul celui des extinctions opérées ou par des causes naturelles, suite de l'âge avancé ou des infirmités, ou par des causes révolutionnaires. comme le désespoir, le fer et la faim, le résultat des extinctions de fait ou de droit ne s'éloignera pas des sept huitièmes de la masse existante en 1790. Les jouissances échappées depuis à la misère, à la persécution, sont donc nécessairement en petit nombre, et ce nombre décroît encore d'une manière sensible chaque année, chaque mois, chaque décade, chaque jour, chaque heure, chaque minute.

(18) Il y avait plus de cinq décades que, tous les jours, une citoyenne âgée, infirme et propriétaire d'une rente viagère de 216 livres se présentait à la trésorerie nationale pour toucher six mois arrérages de cette somme. Le grand nombre des parties expectantes l'avait toujours empêché de prendre son rang à la queue; le 17 prairial, c'est-à-dire 77 jours après l'échéance, elle parvient, soutenue de son bâton, *non ferré*. jusqu'à la porte de l'unique bureau où il lui est permis de s'adresser. Il n'était que quatre heures cinq minutes du matin; cependant elle ne se trouve que la vingt-neuvième dans l'ordre d'admission. Que faire ? Une place sur un des deux bancs parallèles du corridor, rend moins douloureuse son expectoration et son attente. A deux heures et demie arrive enfin son tour de camparaître pardevant un vérificateur plus qu'insolent; elle en reçoit sur la caisse une assignation de 1072 livres, pour laquelle on lui paye, savoir :

750 l. en un mandat de 25 l. valant au cours	1 l. 12 s. 6 d.
322 l. en assignats, *idem*	7 s. 6 d.
TOTAL	2 l.

Laissant de côté le vicieux de la marche des bureaux, appellera-t-on ces quarante sols une indemnité de 108 liv. valeur fixe, qu'on avait droit de recevoir ? Pour moi, je le crois d'autant moins, que la rentière que je cite et que je connais, avait déjà préalablement payé; 1°. 15 francs pour dédommager les trois citoyens de la perte de leur temps en attestation de résidence; 2°. 11 francs pour le timbre et l'enregistrement de son certificat; 3°. 5 francs pour faire figurer la déclaration exigée à l'appui de son nouveau titre, lequel, malgré la production de l'ancien depuis près de deux ans, ne consiste encore que dans un bulletin simplement paraphé, et dont tout le monde connaît la valeur non déterminée. Une procuration et le droit de recette aurait augmenté la perte de 850 livres assignats. *Quò usque tandem!*

(19) Le 10 thermidor de l'an 3, pour solliciter la suppression du maximum des pensions, parut à la barre de la convention un groupe de vieillards dont la présence et l'accent excitèrent l'intérêt et l'attendrissement. Nous ne demandons pas, dirent-ils, que la somme de nos liquidations soit augmentée, ni qu'on établisse pour nous un paiement au cours de la valeur représentative. Nous demandons que ce paiement soit effectué pour la totalité de notre créance; point de grace; nous nous en tenons là; mais nous osons insister pour l'obtenir.

Les comités compétens furent chargés de faire, dans le courant de la décade, un rapport sur cette pétition. Presque par-tout dans ces comités, les esprits parurent entraînés, convaincus et bien disposés. Un seul membre annonça qu'il voterait pour un ajournement à six mois, comme si la misère s'ajournait. Un autre fut désigné pour plaider à la tribune une cause aussi belle. Son travail fini et adopté, il n'eut jamais le courage de demander la parole.

Le 8 floréal, pour présenter mon mémoire au corps législatif, je m'achemine vers le conseil des cinq cents. Le premier des factionnaires qui couvrent la cour appelée du Manége, met à mon passage la clause de l'exhibition d'une carte. Je m'empresse de lui faire voir celle de sûreté qui me signale. Je l'assure que je n'en ai pas d'autre, attendu que je ne suis que citoyen français. Je lui montre la suscription de mon paquet; je lui en explique le contenu et mon intention. Pour toute réponse, il m'invite à entrer dans le corps-de-garde ; j'y demande la parole au commandant du poste ; il m'écoute, et, graces à mon exposé honnête et ferme, il croit pouvoir me faire accompagner jusqu'à la porte du sanctuaire par deux grenadiers, la bayonnette au bout du fusil. Déjà, une fois en ma vie, mais dans une circonstance bien différente, j'avais reçu cet honneur. Je reprends haleine en attendant qu'un huissier paraisse. J'aperçois un membre du conseil qui l'avait été de la première législature, et avec lequel, en cette qualité, j'avais eu quelques centaines de relations officielles. Il y avait près de quatre ans que nous ne nous étions vus. Nous nous félicitons réciproquement d'être échappés, lui aux fers de l'Autriche, moi à celui de la guillotine. Je lui fais part du comment et du pourquoi je me trouve là, et je réclame bonnement son crédit pour la lecture de ma lettre d'envoi ; mais il était écrit que ce second quart-d'heure ne sonnerait pas mieux pour moi que le premier ; car, ma courte prière à peine achevée, ce membre me rit au nez, et va siéger au sénat. Un huissier passe à côté de moi ; je lui confie mon paquet ; ensuite je sors de l'enceinte sans regarder derrière.

Quatre jours après, curieux de savoir ce que sera devenu ce paquet, j'en demande des nouvelles au bureau des procès-verbaux : recherches inutiles. On me fait espérer que je serai plus heureux à celui des dépêches ; je m'y rends sous les auspices d'un habitué de ma connaissance que ma bonne fortune me fait rencontrer : là, on me remet effectivement un bulletin que je conserve, et qui porte que mon mémoire a été renvoyé à la commission créée le 30 germinal, pour *examiner la pétition du général Chauvere.*

Qu'a de commun cette pétition avec mon mémoire, c'est ce dont je ne saurais rendre compte.

Le 17 du même mois, je veux m'adresser au conseil des anciens. J'arrive au pied de l'escalier étant à l'entrée de la partie de bâtiment du côté du jardin, parallèle à la salle des séances. Sur le cintre qui couronne cet escalier sont inscrits ces mots : *Entrée des amphithéâtres publics et des pétitionnaires.* — Bon, me dis-je, j'avancerai tout de gau. Point du tout ; les factionnaires me refusent sur le vu de ma seule carte de sûreté ; l'un d'eux paraît peiné, pour mon cas, de la rigueur de la consigne ; il me conseille de faire une tentative du côté du grand vestibule : j'y cours ; c'est-à-dire je me hâte d'y arriver autant que mon athsme veut bien me le permettre ; j'y éprouve le même obstacle. Ici point de corps-de-garde ; mais sur le second degré de l'escalier était accroupie, presqu'aussi enguenillée que moi, une citoyenne qui a la bonté de me dire : *Citoyen, suis-moi, je vais te faire entrer ;* et de suite, elle, de prendre ma première route, de tirer de son porte-feuille une carte coupée en lozange, de la déployer de droite et de gauche aux yeux des factionnaires stationnés les uns sur les autres, et de me désigner à chacun d'eux, par un mouvement de la tête, comme quelqu'un qu'elle cautionne ; moi, de tenir ostensiblement mon paquet à la main, et de m'incliner en toute humilité, en parcourant l'espace au bout duquel je crois devoir remercier mon guide, et le prier d'accepter en reconnaissance un assignat tarifé quinze centimes deux tiers, que la trésorerie nationale m'avait donné la veille pour cinq francs.

Ami, lecteur ! lorsque tu voudras présenter une pétition au corps législatif, si tu n'as pas à ta dévotion un de ses membres pour la déposer sur le bureau ; si tu n'es pas porteur d'une carte enluminée ; si ton nom n'a pas une certaine célébrité ; ou si, à défaut de ces moyens, quelque pièce de monnaie ne peut pas servir de passeport à ton heureuse obscurité, garde ta pétition jusqu'à ce que les ordres suprêmes des commissaires-inspecteurs te permettent d'approcher. *Sic tamen, ni fallor, nolucrant patres.*

Chez G. BRIDEL, à l'Imprimerie de l'UNION, rue Neuve-Augustin, n°. 21.

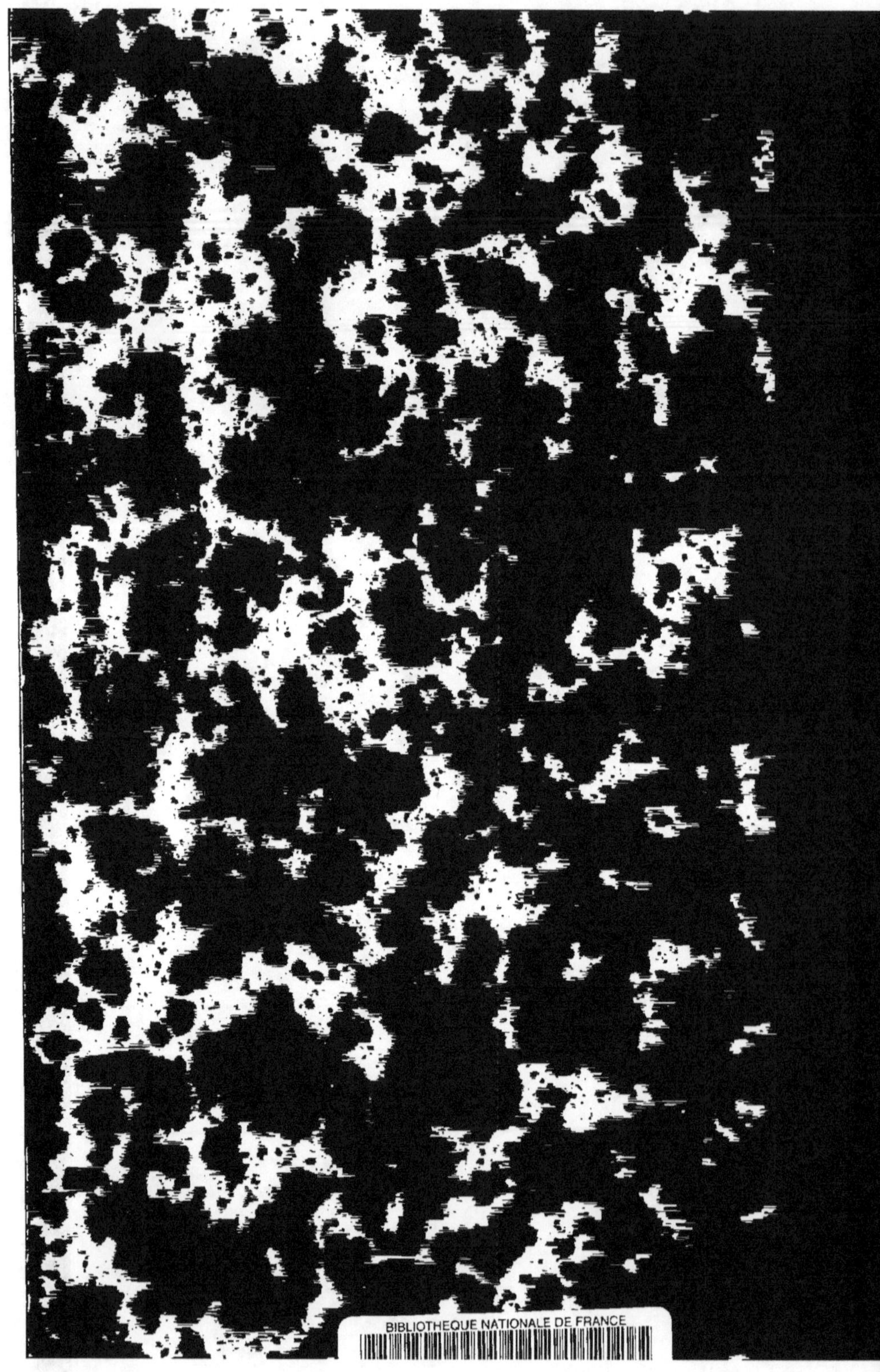

www.ingramcontent.com/pod-product-compliance
Lightning Source LLC
LaVergne TN
LVHW010106230826
846091LV00005B/2103
9782013260633